Día de San Valentín

Julie Murray

Abdo
FIESTAS
Kids

abdopublishing.com

Published by Abdo Kids, a division of ABDO, PO Box 398166, Minneapolis, Minnesota 55439.
Copyright © 2019 by Abdo Consulting Group, Inc. International copyrights reserved in all countries.
No part of this book may be reproduced in any form without written permission from the publisher.

Printed in the United States of America, North Mankato, Minnesota.

052018

092018

THIS BOOK CONTAINS
RECYCLED MATERIALS

Spanish Translators: Telma Frumholtz, Maria Puchol

Photo Credits: Glow Images, iStock, Shutterstock

Production Contributors: Teddy Borth, Jennie Forsberg, Grace Hansen

Design Contributors: Christina Doffing, Candice Keimig, Dorothy Toth

Library of Congress Control Number: 2018931578

Publisher's Cataloging-in-Publication Data

Names: Murray, Julie, author.

Title: Día de San Valentín / by Julie Murray.

Other title: Valentine's day. Spanish

Description: Minneapolis, Minnesota : Abdo Kids, 2019. | Series: Fiestas | Includes online
     resources and index.

Identifiers: ISBN 9781532180064 (lib.bdg.) | ISBN 9781532180927 (ebook)

Subjects: LCSH: Valentine's day--Juvenile literature. | Holidays, festivals, and celebrations--
     Juvenile literature. | Spanish language materials--Juvenile literature.

Classification: DDC 394.2618--dc23

Contenido

Día de San Valentín

El 14 de febrero es el Día de San Valentín. Es un día sobre el amor.

Mostramos nuestro amor de muchas maneras.

Anna le da una carta a su papá. Ella lo abraza.

Sam escribió un **poema**.

Se lo lee a Ellie.

Tyler le da flores a su mamá.

¡A ella le encantan!

Lily abre una caja de chocolates. ¡Qué rico!

Beth hace galletas en forma de
corazón y las **comparte**.

Los niños tienen una fiesta. Entregan cartitas de San Valentín a sus compañeros.

¡A Grace le encanta el Día de
San Valentín!

21

Cosas del Día de San Valentín

caja de chocolates

cartas

flores

galletas en forma
de corazón

22

Glosario

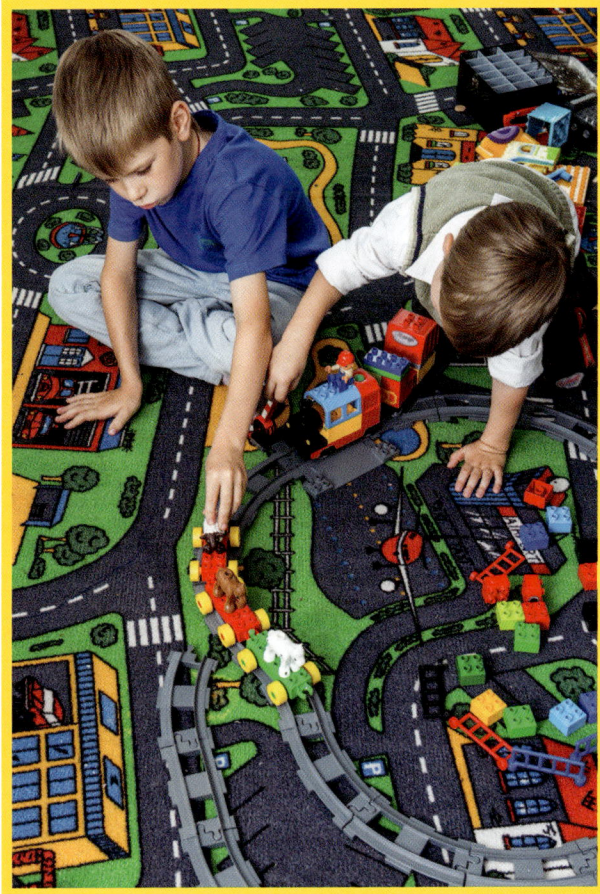

compartir
usar o disfrutar generosamente de algo con otros.

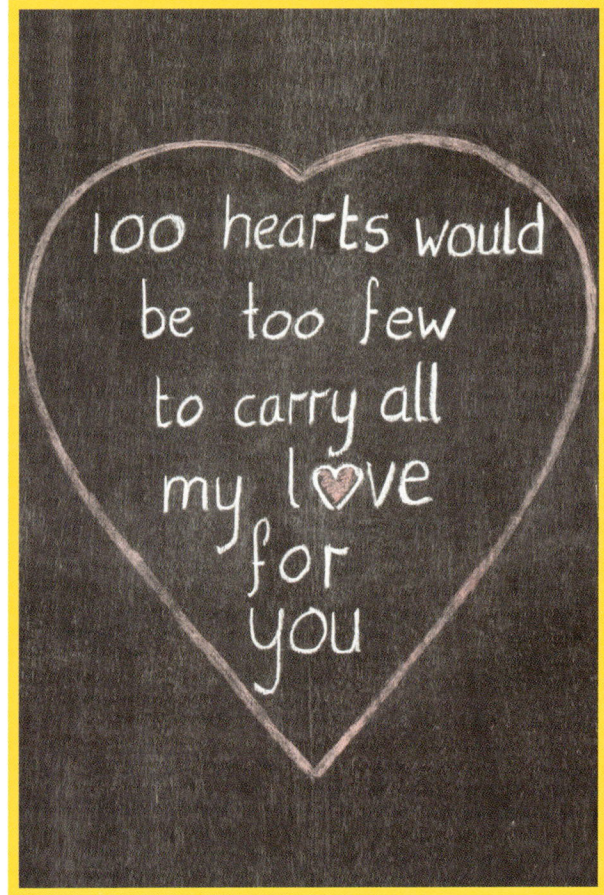

poema
palabras que normalmente riman y provocan sentimientos.

Índice

Abdo Kids ONLINE
FREE! ONLINE MULTIMEDIA RESOURCES

¡Visita nuestra página abdokids.com y usa este código para tener acceso a juegos, manualidades, videos y mucho más!

Código Abdo Kids:
HVK3957

31901064815832